TRICK 17

Hochzeit

111 geniale Lifehacks
für den romantischsten
Tag im Leben

Inhalt

Vorwort

Ihr habt euch verlobt? Herzlichen Glückwunsch – dann steht euch die schönste, aber auch stressigste Zeit eures Lebens bevor. Was ziehe ich an? Darf ich Tante Helga von der Gästeliste streichen? Brauchen wir einen DJ? An was muss ich alles denken? Fragen über Fragen, mit denen man sich vorher noch nie beschäftigt hat. Aber ich kann euch beruhigen: Es gibt kein Richtig oder Falsch, und ihr könnt es sowieso nicht allen recht machen. Es ist eure Hochzeit, und die solltet ihr zum schönsten Tag eures Lebens machen – egal, was die anderen sagen. Habt ihr beispielsweise schon über Regenwetter am Hochzeitstag nachgedacht? Wahrscheinlich nicht – denn das ist wohl der größte Albtraum für jedes Brautpaar. Ich zeige euch, wie man Schleier und Co. wetterfest macht und wie auch im Regen ein romantisches Fotoshooting gelingt.

Damit ihr im Planungsstress immer einen kühlen Kopf behaltet und am Ende optimal auf euren großen Tag vorbereitet seid, habe ich 111 Lifehacks für euch zusammengefasst. Das sind Tricks und Kniffe, die euch das Leben vor der Hochzeit einfacher machen oder mit denen ihr richtig Geld sparen könnt. Ich bin mir sicher, dass ihr einige Tipps in diesem Buch entdecken werdet, von denen ihr vor eurer Verlobung noch nie gehört habt.

Viktoria Kux

Planung & Vorbereitung

1 Wunschliste

Möchtet ihr euch von euren Gästen nicht nur Geld wünschen? Dann erstellt eine Online-Wunschliste mit Dingen, die ihr noch benötigt. Die Produkte sollten verschiedenen Preiskategorien angehören, damit für jeden Geldbeutel etwas dabei ist.

WIR WÜNSCHEN UNS

MR & MRS
FUND

L
V

Für ein bisschen Abkühlung
TAGESABLAUF
14 Uhr Trauung
16 Uhr Kuchen
18 Uhr Reden
20 Uhr Party

Mögliche Gesprächsthemen
Blöde Chefs
Fertigpizza
Lotto-Jackpot
Berge oder Meer?
FKK
Welpen

Eine Hochzeit will gut organisiert sein. Aber wie macht man das eigentlich? An was muss ich denken? Auf den nächsten Seiten erfahrt ihr, wie ihr die vielen Fragen eurer Gäste nicht alle einzeln beantworten müsst und was im Notfall zu tun ist, wenn plötzlich ein Knopf vom Anzug abspringt. Ihr findet Inspirationen für eure Einladungskarten und wie ihr mit dem richtigen Kniff den perfekten Sitzplan kreiert. Außerdem gibt es nützliche Tipps, wie ihr den Tag eurer Hochzeit für eure Gäste so angenehm wie möglich gestaltet.

Im nächsten Hack erfahrt ihr, wie ihr bei der Gestaltung der Einladungen Zeit sparen könnt.

Klebriger Kniff 2

Wenn es an das Verkleben der Hochzeitseinladungen geht, kann das schnell in einem Dauereinsatz für die Zunge enden. Ihr könnt eure Zungen aber schonen: Nehmt euch ein kleines Glas Wasser und einen Pinsel und streicht damit die Kleberänder der Umschläge eurer Einladungen ein. So bleibt euch ein dauerhaftes Ablecken zum Befeuchten erspart.

Gut gestempelt

3

Wenn die Gästeanzahl groß ist, kann das Schreiben und Versenden der Einladungen schnell mühselig und zeitaufwendig werden. Bestellt euch deswegen einen Stempel mit eurer Absenderadresse. So müsst ihr die Adresse nicht auf jeden einzelnen Umschlag schreiben, sondern könnt sie schnell hintereinander wegstempeln.

Wenn ihr die Empfänger-Adressen auf Etiketten druckt, könnt ihr diese einfach auf die Umschläge kleben – und das Ganze geht noch schneller.

4

Scrabble mal anders

Mithilfe der Buchstaben eines alten Scrabble-Spiels lassen sich tolle Motive für eure Save-the-Date-Karten legen. Dabei kann der Verlobungsring anstelle eines „O“s gelegt werden, wenn dieses z. B. in „Save our date!“ oder „Love“ vorkommt.

Im nächsten Hack erfahrt ihr, wie euer Hochzeitstermin garantiert nicht in Vergessenheit gerät.

Kühlschrank-Reminder

5

Save-the-Date-Karten sind schön und gut, doch leider geraten sie oft in die hinterste Schublade und damit in Vergessenheit. Damit eure Gäste den Hochzeitstermin immer vor Augen haben, solltet ihr eure Save-the-Date-Karten als Magnete für den Kühlschrank oder die Pinnwand produzieren lassen. So geht das Datum garantiert nicht verloren.

Natürlich könnt ihr die Save-the-Date-Karten auch selbst auf einen flachen Magneten kleben.

6 EINE NEUE DNA

Tolle Idee für eure Save-the-Date-Karten: Mit euren beiden Daumenabdrücken lässt sich, richtig positioniert, ein Herz auf eure Karten stempeln. Das sieht nicht nur gut aus, sondern lässt sich auch schnell und einfach umsetzen.

Hier steckt ganz viel Persönlichkeit in der Einladung – nämlich eure DNA.

Abgerundet wird euer Design, wenn ihr euch Siegelwachs und einen Stempel besorgt, um die Umschläge wie in alten Zeiten richtig zu versiegeln.

7

TRADITIONELLES DESIGN

Wer auf einer Burg feiert oder ein Fan von historischen oder traditionellen Elementen rund um die Hochzeit ist, kann sich online ein eigenes Familienwappen erstellen lassen. Dieses kann man dann super für die Papeterie nutzen, z. B. für die Save-the-Date-Karten, Einladungen, Menükarten und/oder Danksagungen.

Wenn kurzfristig jemand absagt, könnt ihr die Gäste ganz einfach umsetzen, ohne gleich einen neuen Plan schreiben zu müssen.

INTELLIGENTE SITZPLANUNG 8

Schneidet je nach Tischform Kreise oder Rechtecke aus Pappe zurecht und schreibt die Namen eurer Gäste einzeln auf kleine Holzwäscheklammern. Klemmt die Wäscheklammern nun so an die Pappen, wie die Gäste später sitzen sollen. So habt ihr es bei der Planung leichter. Wenn es nur runde Tische gibt, könnt ihr statt Pappe auch Tortenspitzen nehmen.

Weitere mögliche Gesprächsthemen: Weihnachtsgeschenke, nervige Nachbarn, Sommerurlaub, Hunde oder Katzen, die lieben Schwiegereltern ...

Small-Talk-Hilfe

9

Auf einer Hochzeit kommen häufig Menschen zusammen, die sich vorher noch nie begegnet sind. Wenn diese dann an einem Tisch sitzen, braucht es manchmal eine Weile, bis das Eis bricht und die Gespräche in Gang kommen. Helft deswegen ein bisschen nach und stellt auf jeden Tisch kleine Anregungen zu Gesprächsthemen.

10

DAS NOTFALL-SET FÜR DIE BRAUT ...

Notfälle können nicht nur bei der Braut eintreten. Mit diesen Dingen ist auch der Bräutigam bestens vorbereitet. Warum er sich trotzdem über eine eigene Notfallbox freuen wird, lest ihr auf der nächsten Seite.

Am Hochzeitstag habt ihr als Braut keine Handtasche dabei. Deshalb muss alles in die Tasche der Trauzeugin. Damit sie aber nicht zu eurem persönlichen Packesel wird, solltet ihr nur das Nötigste einpacken.

Praktischer Inhalt: Make-up, Taschentücher, Fleckenstift, Babypuder, Kopfschmerztablette, Traubenzucker, Ersatzstrumpfhose, Klarlack, Sicherheitsnadeln, Sekundenkleber, Blasenpflaster und Deo.

... UND DEN BRÄUTIGAM

Vielleicht braucht der Bräutigam nicht ganz so viele Notfall-Utensilien wie die Braut, dennoch freut auch er sich garantiert über ein kleines Notfallset.

11

Praktischer Inhalt: Deo (gegen Schweißausbrüche), Traubenzucker (gegen wackelige Beine), Halsbonbon (damit das „Ja, ich will" laut und deutlich gesagt werden kann), Energy-Drink (als Wachmacher), Lippenpflegestift (für einen weichen Kussmund), Schokolade oder Gummibärchen (als Nervennahrung), Taschentuch (für die Freudentränen), Baldrian (um die Nerven zu beruhigen) und Kaugummi oder Kaubonbons (für einen frischen Atem).

Wie wäre es, wenn ihr eurem Bräutigam ein solches Paket als Überraschung herrichtet? Wenn ihr die Nacht getrennt verbringt, solltet ihr es vorher zu den Schwiegereltern oder dem Trauzeugen bringen. Dann könnt ihr auch noch einen handgeschriebenen Liebesbrief oder Socken gegen „kalte Füße" (siehe Seite 116) hineinpacken.

Besonders praktisch sind die kleinen Nähsets, die es gratis in Hotels gibt, denn sie nehmen so gut wie keinen Platz weg.

12

Lose Knöpfe

Ein abgesprungener Knopf an Hemd oder Anzug oder ein abgerissenes Band zum Befestigen der Schleppe am Brautkleid – das alles kann am Hochzeitstag durchaus passieren. Habt deshalb stets ein kleines Nähset zur Hand, damit ihr die kleinen Pannen schnell wieder beheben könnt. Sicherheitsnadeln sind meist nicht stark genug, um die Schleppe dauerhaft am Kleid zu fixieren, wenn das Band einmal gerissen ist.

13

Utensilo für die Gäste

Eure Gäste werden es euch danken, wenn ihr auf der Toilette ein Utensilo mit nützlichen Produkten für sie aufstellt, die sie vielleicht zu Hause vergessen haben oder die einfach nicht in die Clutch passen wollten. Hier könnte hinein: Deo, Handcreme, Parfum, Kamm oder Bürste, Haarspray, Sonnencreme, Insektenschutz, Salbe gegen Mückenstiche, Pflaster, Zahnseide. Und für die Damen zusätzlich: Tampons und Co.

Einen weiteren Hack, für den euch eure Gäste an heißen Sommertagen lieben werden, findet ihr auf Seite 37.

14 Gut organisiert

Eine gute Terminplanung ist wichtig. So sollten die JGAs z. B. nicht vor wichtigen Hochzeitsterminen wie dem Probeessen, dem Brautkleid-Kauf oder sogar der eigentlichen Hochzeit stattfinden. Deswegen ist es sinnvoll, wenn eure Helfer über eure Termine Bescheid wissen. Familien-Planer-Apps helfen bei der Terminverwaltung. Hier kann man Gruppen mit mehreren Personen erstellen, die an den Hochzeitsvorbereitungen beteiligt sind. Jeder von ihnen kann nun den Kalender von seinem Smartphone aus einsehen.

Der Kalender lässt sich mit der Familien-Planer-App auch von unterwegs öffnen. Das wird euch eure Planung ungemein erleichtern.

Singing in the Rain

15

Auch am Hochzeitstag kann es regnen. Lasst euch davon nicht die Laune verderben, denn wie heißt es so schön: Wenn es regnet am Altar, bringt das Segen für viele Jahr. Damit ihr trotzdem nicht auf ein Fotoshooting im Freien verzichten müsst, besorgt euch einen durchsichtigen Glockenschirm. Wichtig: Er sollte groß genug für zwei Personen sein.

Mit einem durchsichtigen Schirm könnt ihr trotz schlechten Wetters tolle Hochzeitsfotos im Freien schießen.

Wie ihr euren Hashtag am besten unter eure Gäste bringt, lest ihr auf Seite 75.

16

HASHTAG FÜR DIE HOCHZEIT

Ihr wollt an die Schnappschüsse herankommen, die eure Gäste mit ihren Smartphones aufnehmen? Dann erstellt einen eigenen Hashtag (z. B. #NachnameHochzeit) und kommuniziert diesen mit euren Gästen. So könnt ihr alle Hochzeitsfotos von den Gästen auf den sozialen Netzwerken leicht wiederfinden.

17

INSPIRATIONSQUELLE

Zur Inspiration für die eigene Hochzeit Schnipsel und Artikel aus Magazinen zusammensuchen und aufkleben war gestern. Heute solltet ihr euch ein Online-Moodboard erstellen, z. B. über Pinterest. Dort gibt es viele tolle Ideen – und das völlig kostenlos.

Auf Pinterest gibt es auch Vorlagen für die Umsetzung von Hack 18.

18

Vorbereitung für das Gästebuch

Damit eure Gäste nicht lange über Glückwünsche oder Sprüche für das Gästebuch nachdenken müssen, bereitet Karten mit vorgedruckten Fragen vor. Die Gäste können sich eine Karte aussuchen, sie ins Buch kleben und anschließend beantworten. Witzige Fragen oder Sätze, die die Gäste vervollständigen müssen, sorgen nach der Hochzeit für einzigartige Erinnerungen und ihr erfahrt Details, die ihr von euren Gästen vielleicht noch gar nicht wusstet.

Mit ein bisschen Inspirationshilfe füllen eure Gäste garantiert eine Seite im Gästebuch aus.

Trauung im Freien 19

Für die Wiesenhochzeit im Freien solltet ihr unbedingt an Insektenschutz für euch und eure Gäste denken. Wusstet ihr, dass es inzwischen Parfum gibt, das Insektenschutz enthält? So habt ihr 2 in 1 und vermeidet den beißenden Geruch von Insektenspray auf der Haut.

Das Insektenspray kann auch Teil des Notfall-Sets für eure Gäste sein (siehe Seite 19).

20

SCHATTIGE PLÄTZCHEN

Mit ein paar Regenschirmen seid ihr auch für einen unerwarteten Sommerregen gerüstet.

Denkt bei einer Hochzeit im Hochsommer unbedingt an ausreichend Schattenplätze für eure Gäste. Das ist besonders wichtig, wenn die Trauung im Freien stattfindet und ihr länger an einem Ort bleibt. Organisiert also ausreichend Schirme, das können auch einfache Regenschirme sein.

Alternativ könnt ihr in euren Hochzeitsfarben auch schöne Hüllen mit der Aufschrift „Für die Freudentränen" basteln und diese im Standesamt oder in der Kirche auf die Plätze legen. Hier reicht dann ein einfaches Taschentuch für jede Hülle.

Für Freuden-tränen 21

Wenn eure Hochzeit so richtig romantisch wird, könnte es passieren, dass bei euren Gästen die Freudentränen kullern. Damit Make-up und Kleidung nicht schon vor der Feier ruiniert werden, solltet ihr euren Gästen einige Taschentücher zur Verfügung stellen. Es gibt auch welche, die mit Herzchen, Brautpaaren oder Sprüchen verziert sind.

22 Das Hochzeits-ABC

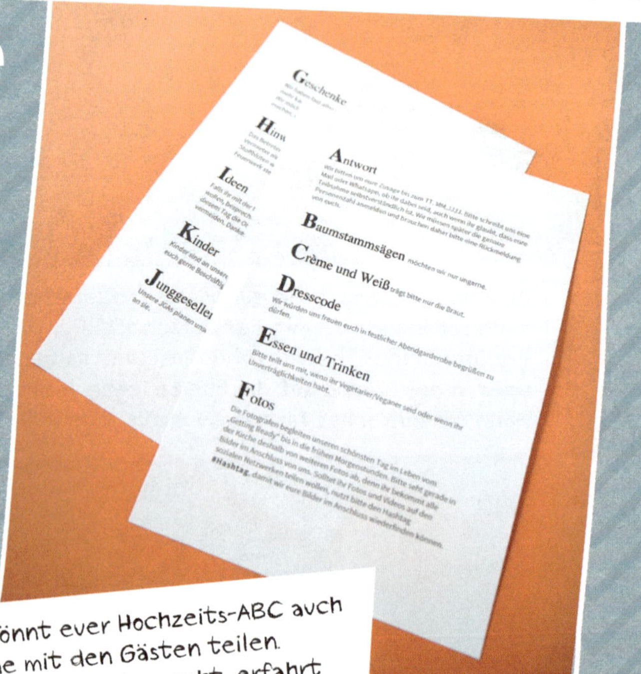

Ihr könnt euer Hochzeits-ABC auch online mit den Gästen teilen. Wie das am besten geht, erfahrt ihr auf Seite 35.

Alle wichtigen Infos für eure Gäste auf einen Blick: Schreibt auf einer Karte das Wichtigste zu eurer Hochzeit alphabetisch auf. Von A wie Anreise über D wie Dresscode bis Z wie Zeremonie. Das Hochzeits-ABC könnt ihr zum Beispiel direkt der Einladung beilegen.

PRIVAT SURFEN

23

Viele Online-Reiseanbieter arbeiten mit Algorithmen, die auslesen, nach welchem Reiseziel ihr für eure Flitterwochen sucht. Wenn ihr ein paar Tage später eure Suche fortsetzt, wissen die Anbieter, dass ihr stark an einem bestimmten Reiseziel interessiert seid, und sie erhöhen die Preise. Wer im privaten oder abgesicherten Modus surft, kann von diesen Anbietern nicht ausgelesen werden und so viel Geld sparen.

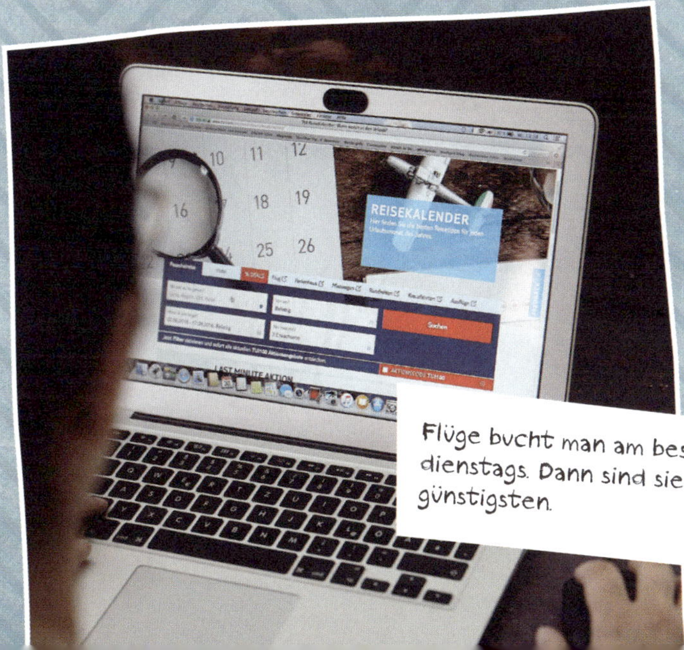

Flüge bucht man am besten dienstags. Dann sind sie am günstigsten.

Clever gespart

24

Denkt daran, für die Hochzeit rechtzeitig mit dem Sparen anzufangen. Das geht gut mit einer Hochzeitsspardose, die ihr bei euch zu Hause an einem zentralen Ort aufstellt. So könnt ihr immer mal wieder 1- oder 2-Eurostücke hineinwerfen, wenn ihr sie im Portemonnaie habt.

Alternativ könnt ihr auch ein gemeinsames Hochzeitskonto bei der Bank einrichten und monatlich darauf einzahlen.

25

Den Hochzeitstag genießen

Als Brautpaar trägt man bei der Hochzeit keine Uhr. Dies hat zwei Gründe: Erstens sehen die Uhren zu Brautkleid und Anzug meist total wuchtig und unelegant aus und zweitens solltet ihr den Tag genießen, ohne euch um die Zeit Sorgen zu machen.

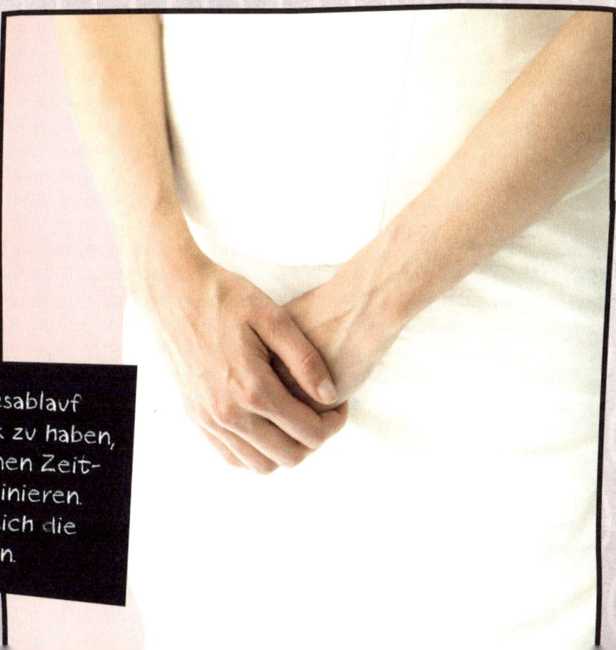

Um den Tagesablauf aber im Blick zu haben, könnt ihr einen Zeitwächter nominieren. Hier bieten sich die Trauzeugen an.

26 DAS HOCHZEITSVIDEO

Mit kostenlosen Programmen wie beispielsweise MovieMaker oder iMovie lässt sich das Video später kinderleicht zusammenschneiden.

Lasst eure Hochzeit unbedingt in einem Hochzeitsvideo festhalten. Habt ihr kein Budget mehr für einen VJ? Ein einfacher Selfiestick bringt schon deutlich mehr Bildstabilisierung. So kann auch ein Gast ein paar Aufnahmen mit dem Smartphone machen, ohne große Verwackelungen im Video zu haben.

Was es zum Thema Beauty und Styling noch zu beachten gibt, lest ihr in Kapitel 5 ab Seite 110.

27

Vom Schnüren des Brautkleides

Macht bei der letzten Anprobe eures Brautkleides ein Video davon, wie es angezogen und vor allem geschnürt wird – mitsamt allen Accessoires wie Unterrock, Korsage und Co. Allzu oft werdet ihr das nämlich nicht mehr ausprobieren können. Mit dem Video habt ihr eine tolle Anleitung und ihr spart euch am Hochzeitstag viel Stress und Zeit.

Mit einem digitalen Fotoalbum könnt ihr auch Freunde und Verwandte an der Feier teilhaben lassen, die an eurem großen Tag selbst nicht dabei sein konnten.

28

Digitales Fotoalbum

Erstellt nach der Hochzeit ein digitales Fotoalbum – und das nicht nur für, sondern auch mit euren Gästen. Hier können alle ihre Fotos mit euch teilen – eine echte Win-Win-Situation. Online findet ihr viele Dienstleister für Hochzeitsgalerien, aber natürlich geht es auch mit Google Drive, Dropbox und Co.

29

Eure Hochzeitswebseite

Für die Planung eurer Hochzeit bietet sich das Erstellen einer eigenen Hochzeitswebseite an. Dort könnt ihr alle Infos zum großen Tag mit euren Gästen teilen – und das gleich mit passenden Links und viel ausführlicher als auf jeder Einladungskarte.

Schützt die Seite mit einem Passwort und druckt dieses mit auf die Einladungskarten. So stellt ihr sicher, dass wirklich nur eingeladene Gäste Zugriff haben.

30 Müde Füße

Zu einer ordentlichen Hochzeitsparty gehören tanzende Gäste – doch je später der Abend, desto schwerer die Füße. Kauft deswegen für die Gäste Flip-Flops® als Wechselschuhe und stellt sie in eine Kiste oder einen Korb neben die Tanzfläche.

Mit einem Schild „Für müde Tanzfüße" werden selbst Mädels in hochhackigen Schuhen zum Tanzen motiviert.

Genial: Druckt euren Tagesablauf auf den Tonkarton – so bekommen die Gäste einen doppelt praktischen Helfer.

FRISCHER WIND 31

Eine Hochzeit im Hochsommer kann schnell zur Schwitzkur werden. Damit euren Gästen nicht der Schweiß über die Stirn rinnt, könnt ihr kleine Fächer basteln. Dafür müsst ihr nur ein Stück Tonkarton an einen Holzstiel kleben. Perfekt eignen sich Eisstiele.

Notizen ...

Frühzeitig mit der Planung zu beginnen, lohnt sich. Wer zwei Jahre vorher einen Hochzeitstermin festlegt, kann sich Termin und Location aussuchen, ohne Kompromisse einzugehen. Übrigens: Viele Dienstleister erhöhen von Jahr zu Jahr ihre Preise. Wer zwei Jahre vorher plant, bekommt die aktuellen Konditionen und kann sich die Preiserhöhung sparen.

Habt ihr Gäste, die von weiter weg anreisen? Erstellt eine Liste mit Hotels und Übernachtungsmöglichkeiten – und veröffentlicht sie auf eurer Hochzeitswebseite. So müsst ihr diese beliebte Frage eurer Gäste nicht mehrfach beantworten.

Dekoration & Accessoires

32 Hier kommt die Braut

Zieht die Braut in die Kirche oder ins Standesamt ein und vor ihr her geht ein Kind mit einem Schild „Hier kommt deine Braut", schlagen die Herzen der Gäste schon in den ersten Sekunden höher! Habt ihr keine eigenen Kinder, könnt ihr die Kinder eurer Gäste fragen.

Hier kommt
Deine
Braut

Mr & Mrs

TIM
Sebastian
JOCHEN
! Anthony !
PAUL
Michael
Uwe

Was tun, wenn man sich keine Reiskörner aus der Frisur fischen oder den eigenen Brautstrauß nicht werfen, sondern als Andenken behalten möchte? Auf den nächsten Seiten dreht sich alles um Dekoration und Accessoires – mit Ideen für Namensschilder und Gastgeschenke, Tipps für günstige Tischdeko, die den Geldbeutel entlasten, und Alternativen zum klassischen Gästebuch. Also los – schnappt euch eure To-Do-Liste und schreibt mit!

33 BUTTERBROT-TÜTEN-DEKO

Ohne viel Aufwand, aber garantiert ein echter Hingucker: Platziert Teelichter in durchsichtigen Gläsern (z. B. einfache Wassergläser) in Butterbrottüten. Die Tüten dimmen das Licht und versetzen eure Location in ein romantisches Ambiente.

Die Lichtertüten gibt es auch schon mit ausgestanzten Herzchen und Co.

34

Osterkörbchen wird Blumenkorb

Von Ostern sind noch Osterkörbchen mit Henkel übrig? Dann nichts wie raus mit den Hasen, Eiern und grünem Ziergras, denn mit einem Stück Satinband könnt ihr daraus im Handumdrehen Körbchen für die Blumenkinder zaubern.

Auslegen könnt ihr die Körbchen mit farbigem Seidenpapier.

DIY-Cake-Topper 35

Um auf die teuren Brautpaar-Figuren beim Konditor zu verzichten, könnt ihr euren Cake-Topper mit individueller Aufschrift einfach selbst basteln. Dazu benötigt ihr Tonkarton in eurer Hochzeitsfarbe, eventuell eine Vorlage oder Schablone, eine Schere, etwas Kleber und einen Holzspieß. Schneidet aus dem Karton beispielsweise ein Herzchen, einen Schriftzug wie „Mr & Mrs" oder eure Namen aus, und klebt das Oberteil dann an den Holzspieß. Natürlich könnt ihr euch auch ein schönes Motiv ausdrucken und fertig auf den Tonkarton kleben. Bänder oder Mini-Tortenspitzen sorgen für ein optisches Highlight.

Online findet ihr zudem einige Anbieter, die euch eure individuellen Cake-Topper auch mit dem sogenannten Lasercut-Verfahren aus Holz anfertigen. Diese gibt es ab ca. 20 € zu kaufen.

Einige Dienstleister können aus dem Brautstrauß auch individuelle Kunstwerke entwerfen, die ihr anschließend in der Wohnung aufhängen könnt.

36 (Fast) für die Ewigkeit

Den eigenen Brautstrauß möchte man nicht welken sehen – und schon gar nicht wegwerfen. Da hilft nur eins: Brautstrauß trocknen lassen. Dazu die Blüten mit Haarspray besprühen und kopfüber aufhängen, bis der Strauß getrocknet ist. Danach kann man ihn dekorativ im Wohnzimmerschrank oder auf einer Anrichte platzieren.

Milchflaschen-Vasen 37

Eine Tischdeko mit vielen Blumen wirkt sehr festlich. Doch das bedeutet eine Vielzahl an Vasen. Wie gut, dass sich dafür hervorragend Milchflaschen eignen. Vor der Hochzeit einfach fleißig Milchflaschen sammeln und ab damit in die Spülmaschine. Nach einem Waschgang könnt ihr die Banderolen ganz leicht ablösen und die leeren Flaschen als Blumenvasen für eure Tischdeko verwenden.

Echter Hingucker: Bindet ein Jute- oder Spitzenband um die Flaschen. Für kleinere Vasen eignen sich auch Smoothie-Flaschen.

Vor der Hochzeit solltet ihr kräftig Konservendosen sammeln. Diese könnt ihr nämlich entweder hinter eurem Hochzeitsauto herziehen oder ebenfalls als Vasen für eure Tischdeko verwenden. Die Banderolen lassen sich ganz einfach nach einem Waschgang in der Spülmaschine ablösen. Danach könnt ihr die Dosen mit Bändern und Blumen in euren Hochzeitsfarben dekorieren.

Dosen-Upcycling

38

Konservendosen können auch der Unterhaltung dienen. Schaut dafür mal auf Seite 106 vorbei.

UNGEWÖHNLICHE PLATZKARTEN 39

Kleine glatte und saubere Steine eignen sich perfekt für Tischkarten oder Namensschilder. Taucht die Steine zur Hälfte in Metallic-Farbe ein oder pinselt diese vorsichtig auf. Nach dem Trocknen könnt ihr die Steine hübsch mit den Namen eurer Gäste beschriften. Handlettering – oder auch Kalligrafie genannt – passt hier super ins Konzept.

Wenn ihr es etwas wertiger mögt, könnt ihr online kleine Achatscheiben bestellen. Achat ist ein Halbedelstein und zeichnet sich durch seine schöne Zeichnung der Kristallisation aus. Diese Scheiben könnt ihr mit einem weißen Marker belettern.

40 Natürliche Namensschilder

Grün ist eine eurer Hochzeitsfarben oder ihr gestaltet eure Hochzeit im Urban-Jungle-Stil? Dann schnappt euch ein grünes Blatt und lettert dort die Namen eurer Gäste drauf. Damit macht ihr den Greenery-Look perfekt.

Wie die Steine aus Hack 39 könnt ihr auch hier die Spitze des Blattes in etwas Metallic-Farbe tauchen. Ein toller Farbakzent auf eurem Hochzeitstisch!

Je größer eure Perlen sind, desto einfacher habt ihr es. Ich empfehle euch eine runde Steckplatte für geschwungene Buchstaben und eine eckige Steckplatte für Buchstaben mit geraden Linien. Übrigens: Je nachdem, welche Seite der Bügelperlen nachher auf der Karte oben liegen soll, müsst ihr den Buchstaben vor dem Bügeln spiegelverkehrt in die Steckplatte legen.

41

Bügelperlen-Revival

Und hier kommt noch eine tolle Idee für eure Namensschilder: Kramt eure alten Bügelperlen heraus und legt jeweils den Anfangsbuchstaben der Namen eurer Gäste in die Form, um diesen entsprechend zu bügeln. Die Perlen können dabei entweder bunt gemischt oder einfarbig und euren Hochzeitsfarben entsprechend sein. Lasst den Buchstaben abkühlen und klebt ihn anschließend auf ein Stück Tonkarton. Wenn ihr den Rest des Namens nun hinter den Bügelperlen-Buchstaben schreibt, habt ihr einzigartige Platzkarten für eure Gäste geschaffen.

42

Fake-Kalligrafie

Da war in den Hacks 39 bis 41 immer wieder die Rede von Handlettering, dabei habt ihr noch nie etwas davon gehört oder seid einfach (noch) nicht so gut darin? Dann schreibt die Namen eurer Gäste mit einem Online-Grafiktool vor. Wählt dazu eine Schreibschrift aus, die euch gut gefällt. So habt ihr eine tolle Vorlage, von der ihr ganz einfach abschreiben könnt. Im Netz findet ihr außerdem Buchstaben-Vorlagen zum Ausdrucken, mit denen ihr euer Handlettering verbessern könnt.

Achtet auf das richtige Material. Für das Lettering gibt es extra Stifte mit beweglicher Spitze, die aber auch für eure Untergründe geeignet sein müssen.

Für eine langlebige Erinnerung kann der Brautstrauß später auch getrocknet werden. Wie das geht, lest ihr auf Seite 47.

43

WURFSTRAUSS-DOUBLE

Lasst den Floristen gleich zwei Brautsträuße anfertigen, die identisch aussehen. Das Double kann später als Wurfstrauß verwendet werden, während das Original heile mit nach Hause kommt.

44

DER BRAUT-STRAUSS

Wie wäre es mit einer witzigen Alternative zum Wurfstrauß? Die Lösung liegt auf der Hand: Werft einen Braut-Strauß, und zwar im wahrsten Sinne des Wortes. Besorgt euch online eine kleine Vogelstrauß-Plüschfigur und stattet diese mit künstlichen Blumen und einem Schleier aus. Diese Figur eignet sich prima zum Werfen und bleibt dabei heil.

Der Braut-Strauß ist ein witziges Andenken für die glückliche Fängerin – garantiert ohne Verwelken.

45 BABYFOTO WIRD TISCHNUMMER

Individuelle Tischnummern gefällig? Dann stellt auf den Tischen jeweils Babyfotos von euch auf – und zwar in dem Kindsalter, das der Tischnummer entspricht. Beispiel: Tisch zwei bekommt Babyfotos von euch, auf dem ihr zwei Jahre alt seid. Diese könnt ihr auf Fotohaltern platzieren.

Sicherheitshalber solltet ihr die Nummer bzw. das Alter noch dazuschreiben. Gerade in den ersten fünf Lebensjahren ist es doch schwer, das Alter und somit die Tischnummer zu erkennen.

GROSSER AUFTRITT FÜR ALTE BILDERRAHMEN

46

Habt ihr alte Bilderrahmen übrig? Dann könnt ihr darin die Tischnummern aufstellen. Gerade beim Motto „Vintage“ passen diese super ins Konzept.

Malt die Rahmen gegebenenfalls noch in eurer Hochzeitsfarbe an oder besprüht sie, sodass sie zum Rest der Tischdekoration passen.

Metallic-Farben sorgen bei eurer Tischdeko für einen echten Hingucker.

GUT GESPRÜHT 47

So könnt ihr bei der Dekoration richtig Geld sparen: Besorgt euch günstige Deko-Elemente wie Kerzenständer, Untersetzer oder Schalen im Netz oder beim Discounter, auch wenn sie nicht ideal zu eurem Deko- oder Farbkonzept passen. Mit Sprühfarbe lässt sich jedes Design verändern und an euren bevorzugten Stil anpassen.

Das Kater-Set

Ein tolles Gastgeschenk mit Sinn: Das Kater-Set nach einer langen Partynacht. So behalten am nächsten Morgen alle Gäste einen kühlen und schmerzfreien Kopf!

Möglicher Inhalt: eine kleine Flasche Wasser oder Cola und eine Kopfschmerztablette. Natürlich könnt ihr auch ein kleines Glas Rollmöpse dazutun.

Ringe to go

49

Für alle, die sich mit Gastgeschenken schwertun: Es muss nicht immer die selbst gemachte Marmelade oder ein eigener Wein sein, manchmal reicht auch eine kleine und lustige Aufmerksamkeit. Packt einfach zwei saure Ringe, z. B. Apfelringe, in ein durchsichtiges Tütchen und beschriftet es mit euren Namen, eurem Hochzeitsdatum und dem Spruch „Ringe to go".

Ein weiteres einfaches Gastgeschenk findet ihr auf der rechten Seite.

DIE PERFEKTE MISCHUNG

50

Hier kommt die Gastgeschenk-Idee Nummer zwei: Besorgt eine große Packung mit losem Tee und füllt diesen in einzelne kleine Teebeutel. Verseht die Teebeutel mit einem Anhänger passend zur eurer Tisch-deko, auf den ihr euren Namen, euer Hochzeitsdatum und den Spruch „Die perfekte Mischung“ schreibt.

Ihr könnt auch eine Packung Teebeutel kaufen und diese einzeln verpacken. In jedem Fall solltet ihr aber nicht vergessen, die Ziehzeit des Tees dazuzuschreiben.

51 Lasst Liebe wachsen

Was ist eine nachhaltigere Erinnerung an euren Hochzeitstag als eine Pflanze, die selbst aufgezogen wird? Besorgt euch als Gastgeschenk also Samen für Blumen oder Gemüse und bastelt für diese eine Hülle mit euren Namen, eurem Hochzeitsdatum und dem Spruch „Lasst Liebe wachsen“.

Und von welcher Blume stammen die perfekten Samen für ein unvergessliches Gastgeschenk? Vom Vergissmeinnicht natürlich.

52

Teelichter mit Überraschung

Für eine tolle Überraschung sorgen individuelle Teelichter, die einen Spruch oder ein Motiv zum Vorschein bringen, wenn sie flüssig und durchsichtig werden. Dazu ein Stück Papier in der Größe eines Teelichts rund ausschneiden, in der Mitte ein Loch machen und mit euren Namen, eurem Hochzeitsdatum oder einem Spruch beschriften. Ein Teelicht vom Aluminiumbecher lösen, den Docht herausnehmen und den Papierkreis mit der Botschaft in Richtung Kerze auf die Unterseite der Kerze legen. Von unten den Docht wieder hinzufügen und alles zurück in die Halterung stecken.
Beim Abbrennen der Kerze wird dann eure Botschaft enthüllt.

Wer Bedenken bei der Papier-Feuer-Kombi hat, dem sei gesagt, dass die Kerze ausgeht, bevor sie das Papier erreicht. Dennoch schadet ein Hinweis nicht, dass Kerzen nicht unbeaufsichtigt brennen sollten. Übrigens: Beim Kauf der Teelichter darauf achten, dass sich der Docht herauslösen lässt.

DIY-KONFETTI 53

Benutzt ihr altes Zeitungspapier, könnt ihr darüber hinaus noch richtig Geld sparen.

Konfetti in schönen Formen könnt ihr ganz leicht selbst herstellen. Dazu einfach buntes Seidenpapier mit einem Herz- oder Blumenstanzer ausstanzen. Der Vorteil: Das Konfetti kann so farblich perfekt an das Hochzeitskonzept angepasst werden und ihr müsst nicht auf das herkömmliche bunte Konfetti zurückgreifen.

Eine weitere schöne Idee sind **Wedding Wands**. Das sind kleine Holzstäbe versehen mit Glöckchen und bunten Bändern, mit denen die Gäste euch zuwinken und so ein Glockenspiel erklingen lassen können, wenn ihr aus dem Standesamt oder der Kirche kommt.

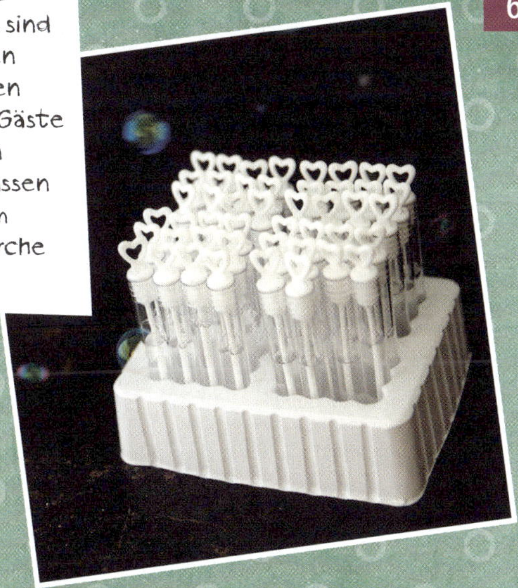

Reis - nein danke! 54

Bei einigen Kirchen und Locations ist das Werfen von Reis, Konfetti und Blüten untersagt, und viele mögen es auch nicht, wenn die Kleinteile überall in der Kleidung und den Haaren hängen bleiben. Eine tolle Alternative sind Seifenblasen, die die Gäste für euch pusten können.

55 BUNTE PARTYGIRLANDEN

Tassels, Quasten oder Troddeln – egal wie man sie nennt, diese bunten Trendteile aus Seidenpapier lassen sich im Handumdrehen zu einer Partygirlande gestalten. Dazu benötigt ihr buntes Seidenpapier, eine Kordel und eine Schere.

So geht's: Nehmt einen Seidenpapier-Bogen in der Farbe eurer Wahl zur Hand und faltet ihn einmal auf der horizontalen Achse, sodass ihr zwei Lagen übereinander habt.

Jetzt faltet ihr euer Papier einmal auf der vertikalen Achse, so dass ihr vier Lagen übereinander habt. Faltet euer Papier noch ein letztes Mal auf der vertikalen Achse.

Nehmt eure Schere zur Hand und schneidet das gefaltete Papier der Länge nach ein. Achtet darauf, dass ihr am oberen Rand 2 cm frei lasst und nicht ganz bis zum Ende schneidet.

Faltet das Papier auseinander: Ihr habt nun einen langen Strang mit losen Fäden am unteren Ende vor euch liegen. Schneidet diesen in 3–4 gleich große Stücke.

Aus jedem Stück wird jetzt eine Quaste eurer Girlande gedreht: Rollt das Papier am geschlossenen Teil vorsichtig ein und dreht die Mitte wie eine Art Kordel zusammen.

Nun führt ihr die entstandene Kordel so zusammen, dass eine kleine Schlaufe entsteht. Dreht diese wieder ein – dann hält eure Quaste gut zusammen. Wiederholt alle Schritte mit weiteren Seidenpapier-Bögen in unterschiedlichen Farben und fädelt die fertigen Quasten auf einer Kordel auf.

Fertig ist eure Partygirlande!

56

Pompoms aus Seidenpapier

Ihr benötigt: Seidenpapier in der Wunschfarbe, Schere und Faden.

Mehrere Blätter Seidenpapier der gleichen Farbe übereinander legen. Die Größe der Blätter entscheidet über die Größe der Pompoms. Nun wird das Papier in ca. 2 cm breite Abschnitte über die gesamte Länge „Zick-Zack“ gefaltet.

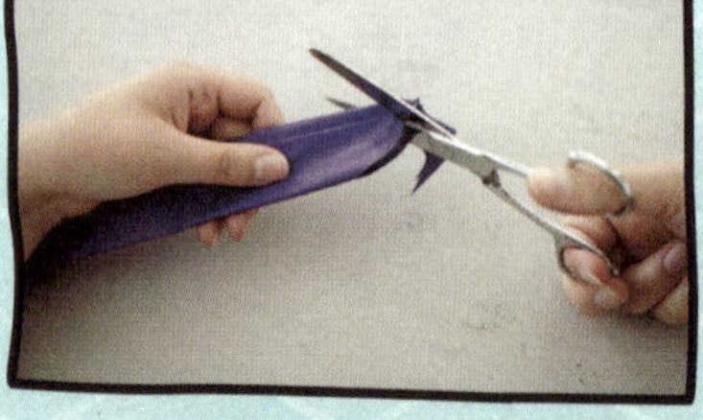

Den gefalteten Papierstapel nun in der Mitte erneut falten, sodass eine sichtbare Falte entsteht. Die beiden Enden vom Papier müssen nun so geschnitten werden, dass diese abgerundet sind.

Nun wird der Faden um das Papier herum gewickelt und mit einem Knoten fixiert. Das Band dient später zur Aufhängung und sollte daher ausreichend lang sein.

Nun lässt sich das Papier wie ein Fächer auseinander falten. Der größte Teil der Arbeit besteht darin, die zahlreichen Lagen vom Seidenpapier einzeln nach und nach auseinander zu ziehen und so zurechtzurücken, dass eine Kugel bzw. Blume entsteht.

Bastelt Pompoms in verschiedenen Größen und Farben – passend zu eurem Farbkonzept.

57

Die spielerische Gästebuch-Alternative

Wem ein einfaches Album mit Sprüchen der Gäste zu langweilig ist, der sollte sein altes Jenga-Spiel aus dem Regal holen und bei der Hochzeitsfeier die Steine in einer Schale bereitstellen. Mit einem wasserfesten Stift, der gut auf Holz schreibt, können sich die Gäste auf den Spielsteinen verewigen.

Wenn ihr nun nach eurer Hochzeit Jenga spielt, werdet ihr dabei an den schönsten Tag in eurem Leben erinnert.

Für echte Musikfans: Habt ihr eine alte Schallplatte, die ihr nicht mehr braucht oder die vielleicht nicht mehr funktioniert? Mit den Autogrammen eurer Gäste wird sie im Handumdrehen zur coolen Alternative zum Gästebuch.

58 Ein Autogramm bitte!

Wie echte Berufsmusiker könnt ihr euch eure „Goldene Schallplatte" später gerahmt in die Wohnung hängen.

Tipps zur Buchung der Flitterwochen findet ihr auf Seite 29.

KARTEN-KOFFER

Wünscht ihr euch Geld zur Hochzeit? Dann solltet ihr unbedingt eine Aufbewahrungsbox für die Kuverts bereithalten. Wie wäre es z. B. mit einem kleinen alten (Kinder-)Koffer? Der passt vor allem, wenn ihr euch Geld für die Flitterwochen gewünscht habt.

DIY-Kronleuchter

Ihr möchtet richtig pompös mit Kronleuchtern heiraten, aber das Budget reicht nicht? Dann bastelt euch eure Kronleuchter einfach selbst!
Ihr benötigt: einen Hula-Hoop-Reifen, Dekoband, Sprühfarbe, Kordel, eine LED-Lichterkette und eine Heißklebepistole.

Den Hula-Hoop-Reifen entweder einmal komplett mit einem Dekoband umwickeln und an den Enden mit etwas Heißkleber fixieren oder mit einer Sprühfarbe besprühen. Trocknen lassen. Danach eine LED-Lichterkette so um den Reifen wickeln, dass einige Birnchen nach unten hängen. Für die Aufhängung vier gleich lange Kordeln zurechtschneiden und an einem Ende an den Reifen knoten, die anderen Enden in der Mitte zusammenführen und dort miteinander verknoten. Daran kann der Kronleuchter aufgehängt werden.

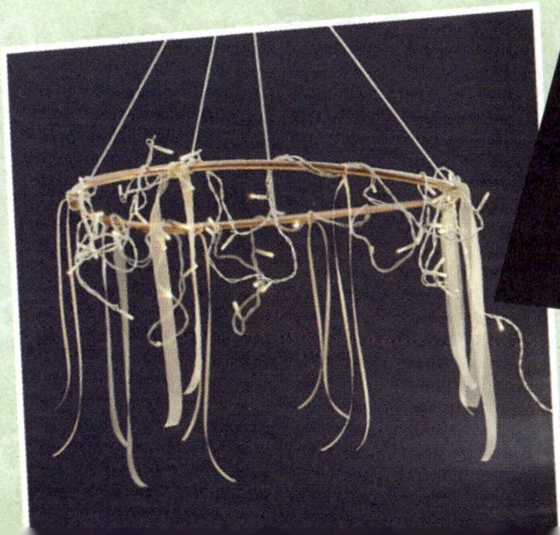

Verwendet eine batteriebetriebene Lichterkette, um keine Steckdosen in der Nähe suchen zu müssen. Zum Schluss könnt ihr den Kronleuchter noch mit verschiedenen Dekobändern dekorieren.

61 VERSTECKTE BOTSCHAFTEN

Aufkleber mit lustigen Sprüchen, die ihr richtig herum auf die Sohlen eurer Hochzeitsschuhe klebt, sorgen für einen tollen Überraschungs-Effekt, wenn ihr euch als Brautpaar in der Kirche hinknien sollt. Auch eine lustige Idee für die Hochzeitsfotos!

Fertige Aufkleber findet ihr im Internet unter dem Begriff „Schuhsticker". Ihr könnt eure Sohlen auch mit einem Permanent-Marker beschriften, dann lässt sich der Spruch aber nur schwer wieder entfernen.

Die Party-Lightbox

62

Eine Lightbox eignet sich perfekt, um euren Gästen Hinweise zu bestimmten Aktionen rund um eure Hochzeit an die Hand zu geben – und das selbst dann, wenn es im Saal schon recht dunkel ist.

Auf dem Leuchtkasten könnt ihr z. B. euren Hochzeits-Hashtag (siehe Seite 22) oder Anweisungen zu eurem Gästebuch wie „Hier eintragen" platzieren.

63

JUST-MARRIED-WIMPELKETTE

Für eine Just-Married-Wimpelkette benötigt ihr Tonkarton in euren Hochzeitsfarben, einen dicken Filzstift sowie Faden, Nadel und Schere. Schneidet elf gleich große Dreiecke in Form von Pizzastücken aus eurem Tonkarton aus. Auf jedes Dreieck schreibt ihr mit einem dicken schwarzen Filzstift jeweils einen Buchstaben. Das spitze Ende zeigt nach unten. Danach das obere Ende außen rechts und links mit einem Loch versehen. Dafür ist eine Nadel nützlich. Einen Faden durch die Wimpelelemente fädeln und die Kette aufhängen.

Ihr könnt Wimpelketten natürlich auch für vieles mehr benutzen, z. B. als Girlande für die Salty Bar (siehe Seite 90).

Damit nichts durcheinanderweht und Oma Inge plötzlich am Kindertisch sitzt, solltet ihr einen windgeschützten Bereich für den Sitzplan-Reifen wählen.

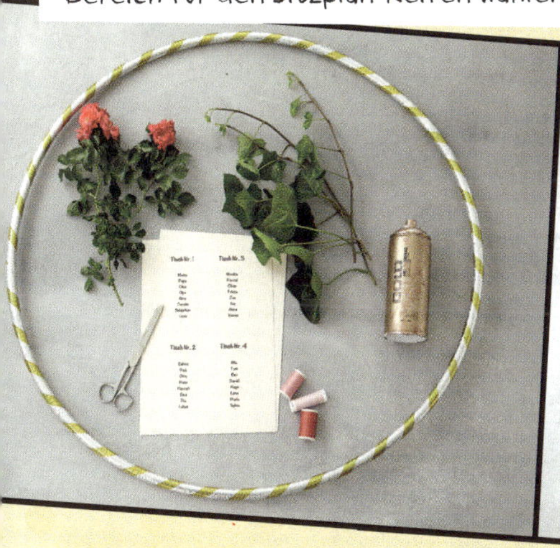

SITZPLAN MAL ANDERS

64

Ein Sitzplan ist nicht nur praktisch, sondern kann auch zum echten Hingucker werden: Nehmt euch einen Hula-Hoop-Reifen, besprüht ihn und dekoriert ihn mit Efeu, Satinbändern und Blumen. Eventuell müsst ihr die Elemente mit etwas Heißkleber fixieren. Druckt je Tisch einen Sitzplan auf Tonkarton auf. Die Tischpläne solltet ihr nun vertikal auffädeln. Der Reifen wird am Ende hochkant an der Wand befestigt und die Sitzplan-Fäden von unten nach oben hineingespannt.

65

Alte Kindertafel im neuen Look

Vielleicht habt ihr oder eure Bekannten noch eine alte Kindertafel irgendwo herumstehen, die früher zum Malen und Schreiben benutzt wurde. Den Rahmen der Tafel könntet ihr noch mit Farbe anmalen und die Tafel so umfunktionieren: Ihr könntet z. B. euren Tagesablauf draufschreiben oder ein schönes Welcome-Schild für eure Gäste anfertigen.

Kreidemarker (gibt es auch in unterschiedlichen Farben) erleichtern das Schönschreiben.

Für selbst gemachte Gruppenfotos bietet sich ein toller Polaroid-Rahmen im XXL-Format an, durch den die Gäste hindurch schauen können. Diesen könnt ihr entweder aus dicker Pappe ausschneiden (z. B. mit einem Teppichmesser) und weiß bemalen oder aus Holzlatten selbst zusammenbauen und lackieren.

DER POLAROID-RAHMEN

66

Der Rahmen kann auch sehr gut für die Fotobox verwendet werden (siehe Seite 104).

Leucht-feuer

67

Partyfans lieben Neon-Knicklichter! Besorgt also für die Anzahl eurer Gäste ausreichend Leuchtstäbe, um für eine gute Stimmung auf der Tanzfläche zu sorgen. Platzieren könnt ihr sie in einem Körbchen oder Glas mit dem Hinweis „Lasst Liebe leuchten". So kann sich jeder Gast ein Knicklicht wegnehmen.

Mehr Partytipps gibt es in Kapitel 4 „Party und Unterhaltung" ab Seite 94.

Ein Hochzeitsbrauch besagt, dass klappernde Blechdosen am Hochzeitsauto böse Geister vertreiben. Allerdings solltet ihr nicht allzu lange mit den Dosen herumfahren – sie sind eher als optisches Highlight gedacht. Generell ist Autoschmuck aber erlaubt, solange er die Sicht des Fahrers nicht einschränkt, keine anderen Straßenverkehrsteilnehmer beeinträchtigt, gut befestigt ist (Blumendeko macht ihr am besten mit starken Saugnäpfen fest!) und Beleuchtung und Kennzeichen nicht verdeckt. Zudem sollte das Brautpaar nicht zu schnell unterwegs sein. Die Fahrt auf Bundesstraßen ist meist kein Problem, auf der Autobahn sollten Gestecke, Figuren und Girlanden aber abgenommen werden.

Trendige Konfetti-Luftballons lassen sich ganz leicht selbst herstellen, indem man in durchsichtige Luftballons großes Konfetti füllt, bevor man sie aufbläst. Richtig zur Geltung kommt das Konfetti aber nur, wenn ihr die Luftballons mit Helium befüllt und danach irgendwo festbindet.

Essen & Trinken

68 Tortenschummel

Euer Budget ist nicht mehr so groß, ihr möchtet aber trotzdem nicht auf eine Hochzeitstorte mit Zuckerblumen, Blattgold und handbemalten Akzenten verzichten? Dann bittet den Konditor darum, nur die Kanten der Etagen zu dekorieren. So macht eure Torte immer noch einiges her, ihr könnt aber die Kosten reduzieren.

Das Hochzeitsessen oder die Hochzeitstorte ist schnell bestellt. Aber zu voreilig sollte man nicht sein, denn auch hier gibt es einiges zu beachten. Die nächsten Seiten verraten euch, wie man bei der Hochzeitstorte optisch schummeln und dabei richtig sparen kann. Bei eurer Hochzeit kriegt ihr vor lauter Aufregung von dem leckeren Hochzeitsessen keinen Bissen herunter? Aufgepasst, denn dieses Kapitel hat die Lösung! Außerdem verrate ich euch, warum das Brautpaar am Hochzeitstag niemals mit leerem Magen aufbrechen sollte.

Grundlage schaffen 69

Am Hochzeitstag solltet ihr unbedingt gut frühstücken, denn es wird ein bisschen dauern, bis es wieder etwas zu Essen gibt. Ein proteinreiches Frühstück sorgt dafür, dass der Blutzuckerspiegel konstant bleibt, da im Gegensatz zum Verzehr von vielen Kohlenhydraten kaum Insulin ausgeschüttet wird. So vermeidet ihr Schwindel, Kopfschmerzen oder Übelkeit und beugt plötzlichen Hungerattacken vor.

Die perfekte Grundlage: Müsli mit Milch oder Joghurt und frisches Obst.

Plant ein Stück Hochzeitstorte pro Gast ein und lasst euch dazu von euren Gästen noch ein zusätzliches Kuchenbuffet mitbringen. Gerechnet wird am Nachmittag mit 1–2 Stücken pro Person. So spart ihr beim Konditor 50 % der Kosten ein.

70

Clevere Kuchenplanung

Tipp: Wenn ihr das Kuchenbuffet vorher ein wenig organisiert, könnt ihr Doppelungen vermeiden.

71 Hochzeitsessen auf der Couch

Das Gleiche gilt übrigens für alle Reste, die am Abend übrig bleiben. Diese solltet ihr euren Gästen mit nach Hause geben oder selbst mitnehmen und auf gar keinen Fall wegwerfen.

Sei es, dass ihr keine Zeit habt oder zu aufgeregt seid, um einen Bissen herunterzubekommen, schade wäre es in jedem Fall, wenn ihr nichts von eurem tollen Hochzeitsmenü abbekommen würdet. Vereinbart deswegen vorher mit eurem Caterer, dass er euch Teile des Hochzeitsmenüs oder -buffets einpacken soll. Falls ihr dann am Hochzeitstag wirklich nicht zum Essen kommt, könnt ihr das gute Essen am nächsten Tag genießen.

Plant zwei Stücke für eure Hochzeitstorte mehr ein und lasst diese gleich nach dem Anschneiden von eurem Caterer zur Seite stellen. Am nächsten Tag könnt ihr sie einfrieren, um sie dann am ersten Hochzeitstag gemeinsam noch einmal genießen zu können.

Kulinarische Zeitreise 72

Eine tolle und geschmackvolle Erinnerung.

73

DIE SALTY BAR

Gerade wenn auf einer Feier Alkohol getrunken wird, haben die wenigsten Gäste Lust auf Süßigkeiten, vor allem dann nicht, wenn es noch eine Hochzeitstorte oder ein Kuchenbuffet gibt. Den Trend der Candy Bar kann man aber trotzdem umsetzen – und zwar mit der Salty Bar. Dazu herzhafte Snacks wie Salzbrezeln, Grissini, Nüsse und Co. in Retro-Gläsern oder Etageren bereitstellen. Das erinnert an einen Kiosk von früher.

Die Salty Bar eignet sich auch prima als Mitternachtssnack.

74

Hochzeitstorten–Mogelei

Habt ihr nur eine kleine Gästeanzahl, wollt aber trotzdem eine mehrstöckige Torte? Dann könnt ihr optisch etwas schummeln. Niemand wird es merken, wenn die untersten Etagen gar nicht echt sind, sondern nur aus eingekleidetem Styropor® bestehen. Diese Etagen dürfen nur nicht angeschnitten werden.

Was ihr tun könnt, wenn trotzdem etwas von der Torte übrig bleibt, verrät Seite 89.

75 Lasst die Korken knallen

Die Hochzeitsglocken läuten, es wird also höchste Zeit, um anzustoßen. Den Korken der ersten Sektflasche, den ihr nach der Hochzeit knallen lasst, solltet ihr unbedingt aufbewahren. Später könnt ihr diesen in einem tiefen Rahmen platzieren und in der Wohnung aufhängen.

Zum Korken passt ein netter Spruch wie „Unser erster Korken als Mann und Frau".

Aus der Anzahl eurer Gäste ergibt sich nicht nur, wie viel Platz eure Location haben muss, sondern auch, wie teuer das Essen und die Getränke werden. Die Gästeliste sollte also sehr gut überlegt sein und im Zusammenhang mit euren Budgetvorstellungen stehen.

Eine tolle Idee für den Gäste-empfang im Freien: Platziert hippe Getränke wie Fassbrause, Limo und Co. in einer Schubkarre voller Eis. Oder wie wäre es mit einer Ladung Wassereis an einem heißen Sommertag? Eiswaffeln voller Obstsalat sind zudem ein echter Hingucker auf eurem Kuchenbuffet am Nachmittag.

Achtet darauf, ob in der gewünschten Location ein Caterer integriert ist oder ob ihr ihn frei wählen könnt. Meist bieten Caterer als erste Orientierungshilfe eine Bankettmappe mit Menü- oder Buffet-Vorschlägen an. So könnt ihr die Speisen individuell an euer Budget anpassen. Das Essen wird dann als Pauschale pro Person berechnet. Bei den Getränken kann man entweder nach Verbrauch zahlen oder eine Getränkepauschale vereinbaren. Wollt ihr die Kosten möglichst niedrig halten, solltet ihr auf Schnaps, Longdrinks und Cocktails verzichten. Wenn ihr doch einen kleinen Absacker anbieten möchtet, wählt nur wenige Sorten aus, die ihr zur Auswahl stellt, und lasst den Kellner nur einmal nach dem Essen damit herumgehen.

Party & Unterhaltung

76 Luft ablassen

Heiratet ihr standesamtlich und kirchlich an zwei verschiedenen Terminen? Dann könnt ihr eure Heliumluftballons wiederverwerten: Helium nach dem Standesamt herauslassen und die Ballons an der Kirche erneut aufblasen. Nach der Trauung könnt ihr sie gemeinsam mit euren Gästen steigen lassen oder als Dekoration für die Party verwenden.

Kleiner
MOMENT-
SAMMLER

#BETTER HALF
#OTHER HALF

Wünsch dir was!
Dein Name:
Wünsch dir was!
Dein Name:
Dein Musikwunsch:
Wünsch dir was!
Dein Name:
Dein Musikwunsch:

Licht aus. Musik an. und ab auf die Tanzfläche! Wie die Partynacht zum vollen Erfolg wird und wie auch die kleinen Gäste bei Laune gehalten werden – das erfahrt ihr in diesem Kapitel. Lasst euch gesagt sein: Gute Unterhaltung ist das A und O bei einer Hochzeit! Vom spaßigen Kindertisch für die ganz Kleinen über einen Kinderzirkus bis hin zu Outdoor-Spielen für die ganze Familie – auf den nächsten Seiten findet ihr nützliche Hacks für Groß und Klein. So wird eure Hochzeit zu einem unvergesslichen Erlebnis für eure Gäste.

BESCHÄFTIGUNG FÜR DIE KLEINSTEN

77

Wie ihr eine Hochzeit mit Kindern außerdem noch spannend gestalten könnt, lest ihr auf Seite 103 und 107.

Der Kindertisch und die damit verbundenen Beschäftigungsideen für die kleinen Gäste sind keine leichte Aufgabe. Nur mit Malbüchern ausgestattet bleiben die Kids wohl nicht lange ruhig am Tisch sitzen. Die Lösung: Richtet ein kleines Bastelparadies her – bestehend aus Kleber, Stiften, Kinderscheren, Tonpapier, Federn, Pfeifenputzern, Glitzersteinchen usw. Es eignet sich alles, mit dem sich die Kinder weder verletzen noch vollkleckern können. Gebastelt werden kann nach Lust, Laune und Fantasie, z. B. Kronen oder Geschenke für das Hochzeitspaar. Wenn ihr den Kindern konkrete Ideen liefert, was gebastelt werden könnte, haben sie umso mehr Freude daran. Evtl. hat jemand in eurem Freundeskreis noch alte Bastelbücher, die ihr als Inspirationsquelle dazulegen könnt.

MODERNE JUKEBOX 78

Eine Zeitreise in die Vergangenheit? Das geht mit modernen Musikmaschinen, die man mieten kann. Wie bei einer echten Jukebox können eure Gäste den nächsten Song auf der Playlist selbst auswählen. Moderne Varianten im Tablet-Stil haben viele tausend Lieder zur Auswahl, die sich – ohne Internetzugang – jederzeit auswählen und abspielen lassen. Das erspart euch die Kosten für eine Band oder einen DJ und bietet euren Gästen zudem enormen Spaß.

Mit einer Jukebox ist für jeden Musikgeschmack etwas dabei.

79 Kann ich mir ein Lied wünschen?

Ihr könnt die Musikwunsch-Karten auch zusammen mit den Einladungen versenden. Wenn ihr dann die Antworten zurückerhaltet, könnt ihr Wünsche, die nicht zu eurem Musikgeschmack passen, vorher aussortieren.

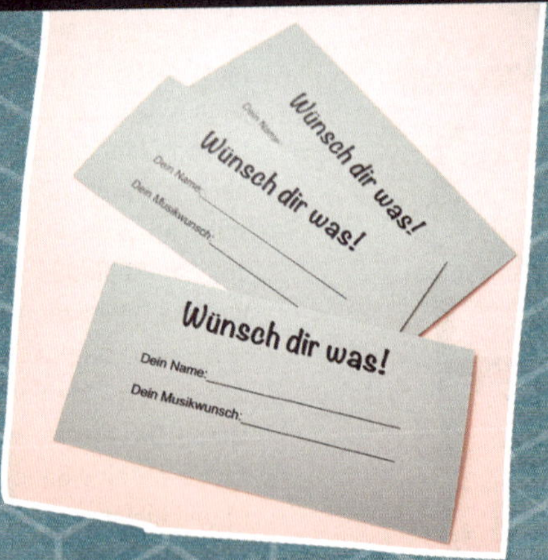

Das ist eine oft gestellte Frage an den DJ. Damit er oder sie auf die Wünsche eurer Gäste eingehen kann, könntet ihr Musikwunsch-Karten vorbereiten, die eure Gäste zu Beginn der Party ausfüllen können. Der DJ kann die Karten dann entgegennehmen und entsprechend darauf reagieren. So ist für jeden Musikgeschmack etwas dabei.

GÄSTE-BINGO 80

Eine tolle Idee, um eure Gäste miteinander ins Gespräch zu bringen: Gäste-Bingo! Dazu bekommt jeder Gast eine Karte mit verschiedenen Eigenschaften, die er von den anderen Gästen erfahren muss. Und dann geht es los: Alle, die eine Karte bekommen haben, müssen nun die anderen Gäste befragen, ob eine der Eigenschaften auf sie zutrifft. Wenn die erfragte Eigenschaft passt, muss die Person im jeweiligen Feld unterschreiben. Alternativ kann man auch einfach selbst den Namen der Person eintragen. Wer, wie beim echten Bingo, zuerst eine vertikale, horizontale oder diagonale Reihe zusammen hat, oder z. B. 6/10 Eigenschaften erfragt hat, ruft „Bingo!“ und hat gewonnen. Der Gewinner könnte einen kleinen Preis bekommen, z. B. einen Gutschein für einen Grillabend beim Brautpaar.

Wichtig: Die Eigenschaften solltet ihr individuell auf eure Gäste abstimmen z. B.: „Hat ein Tattoo“, „Ist ein guter Koch“ oder „Hat noch nie Harry Potter gelesen“. Wer vorher ein bisschen über die Aufteilung nachdenkt, kann sicherstellen, dass die Gäste auch wirklich ins Gespräch kommen, anstatt nur die Haar- oder Kleidfarbe notieren zu müssen.

Besonders romantisch wird es, wenn die Gäste die Wunderkerzen während eures Hochzeitstanzes anzünden. Klärt aber vorher ab, ob an eurer Location Wunderkerzen erlaubt sind.

MINI-FEUERWERK 81

Zur Hochzeit möchte man es so richtig krachen lassen. Ein echtes Höhenfeuerwerk kann ganz schön teuer werden und ist außerdem an vielen Locations untersagt. Mit dem Spruch „Lasst Funken für uns sprühen“ könnt ihr Wunderkerzen dekorieren und damit eure Gäste zu einem kleinen Mini-Feuerwerk auffordern.

Knipsende Knirpse

82

Organisiert eine Kinderkamera oder mehrere Einwegkameras und beauftragt die Kids damit, lustige Fotos von euren Gästen zu machen. Ihr könnt den Kleinen dabei auch genaue Vorgaben machen, die sie auf einer Liste abhaken können, z. B. „Schießt fünf Kussfotos von fünf unterschiedlichen Paaren", „Macht eine Aufnahme vom schönsten Kleid (neben dem Brautkleid natürlich)", „Fotografiert mindestens drei Gäste, die eine lustige Grimasse ziehen" usw.

Auch Polaroidkameras eignen sich hierfür gut, allerdings sind die Filme recht teuer, und sie bieten sich nur bei älteren Kindern an, die schon gut fotografieren können.

Photo Booth

83

Ihr könnt auch selbst eine Fotobox machen. Dazu braucht ihr nur eine Spiegelreflexkamera mit Stativ, einen Funkauslöser, evtl. Studiolampen und natürlich lustige Requisiten. Für diese gibt es online auch Vorlagen, die ihr auf Pappe ausdrucken und an Holzstiele kleben könnt.

Für lustige Hochzeitsfotos heißt es: Ab in die Fotobox, auch Photo Booth genannt. Mit Requisiten wie Perücken, Mützen, Schnurrbärten und Co. sorgt ihr bei den Gästen für unvergessliche Schnappschüsse. Ein Highlight: Je nach Preis und Ausstattung der Fotobox ist ein direktes Ausdrucken der Fotos möglich. Ein tolles Givaway für eure Gäste oder ideal zum Einkleben ins Gästebuch. Andere Fotoboxen erstellen eine Online-Galerie, die später von allen Gästen eingesehen werden kann.

Ihr benötigt fünf große „X“s und fünf große „O“s (oder zwei unterschiedliche andere Symbole) aus stabiler Pappe und vier Springseile. Mit den Seilen wird die #-Form gelegt. Gespielt wird zu zweit. Im Wechsel werden X und O in die freien Felder gelegt, mit dem Ziel, eine diagonale, horizontale oder vertikale Reihe aus drei gleichen Symbolen zu bilden. Wenn beide Spieler optimal spielen, kann keiner gewinnen, und es kommt zu einem Unentschieden. Das heißt, alle neun Felder sind gefüllt, ohne dass ein Spieler seine Zeichen in einer Reihe, Spalte oder Diagonalen setzen konnte. Dann geht es von vorne los.

Tic-Tac-Toe

84

Zwischen der Trauung und der Feier am Abend steht den Gästen meist viel Zeit zur Verfügung. Ideal, um diese Zeit zu überbrücken, sind Outdoor-Spiele wie z. B. die XXL-Variante von Tic Tac Toe.

85

Outdoor-Dosenwerfen

Ein weiteres tolles Outdoor-Spiel ist das Dosenwerfen. Dazu einen Heuballen, einen Tisch, eine umgedrehte Bierkiste mit Platte etc. ins Grüne an eurer Location aufstellen und die Dosen zu einer Pyramide stapeln. Einen Tennisball dazulegen und schon können die Spiele beginnen.

Ihr benötigt: Einen glatten Untergrund, z. B. Tisch, Heuballen oder Bierkiste mit Platte, alte Dosen, einen Tennisball.

Was für ein Zirkus!

86

Eine tolle Idee, um an eurer Hochzeit die Kids bei Laune zu halten, ist der Hochzeitszirkus. Mit Hula-Hoop-Reifen, Springseilen, Hüpftieren oder -bällen, Jongliertüchern, verschieden großen Bällen, Stelzen und Co. kommen die Kinder aus dem Toben nicht mehr heraus.

Falls ihr nichts davon zu Hause habt, könnt ihr Bekannte mit Kindern fragen, ob ihr euch diese Utensilien für eure Feier ausleihen könnt.

Ein individuelles Glitzerdesign sieht wesentlich schöner aus, als ein mit Filzstift beschrifteter Pappbecher.

87 GLITZER-BECHER FÜR DEN JGA

Der Junggesellinnenabschied steht vor der Tür. Egal ob ihr zu Hause feiert, einen Wochenend-Trip oder einen Tagesausflug macht – meist wird die letzte Party in Freiheit feuchtfröhlich. Damit ihr für den nötigen Glamour-Faktor sorgt und später noch jeder weiß, wem welcher Becher gehört, könnt ihr diesen vorher individuell gestalten. Tragt mit etwas Bastelkleber die Anfangsbuchstaben der teilnehmenden Personen auf den Bechern auf und bestreut diese mit Glitzer. Den restlichen Glitzer abklopfen und die Becher gut trocknen lassen.

Ein Tanz-Crashkurs hilft euch bei der Vorbereitung auf euren Hochzeitstanz. Hier sind keine Vorkenntnisse nötig. Wollt ihr einen individuellen Tanz einstudieren? Dann ist ein privater Tanzlehrer etwas für euch, der zu Hause im Wohnzimmer mit euch übt und persönliche Choreos erstellt.

Wenn zwischen Sektempfang und Abendessen sehr viel Zeit liegt, solltet ihr euch Gedanken um die Unterhaltung eurer Gäste machen. Wie wäre es mit ein bisschen Live-Musik zum Sektempfang oder einem Clown für die Kinder? Ein Karikaturist könnte zwischen Kaffee und Kuchen einige lustige Comics von euren Gästen zeichnen. Oder habt ihr schon einmal über ein paar Hochzeitsspiele mit Freunden und Verwandten nachgedacht? Der Nachmittag eignet sich natürlich auch für die Gruppenfotos mit euren Liebsten.

Beauty & Styling

88

Pipi-Pause

Mit dem Hochzeitskleid auf die Toilette zu gehen, ist gar nicht so einfach. Hier kann eine große Tüte helfen: Einfach in den Boden ein Loch schneiden, das gerade so groß ist, dass die Beine hindurch passen. Dann die Tüte soweit über den Rock des Kleides ziehen, dass man gemütlich zur Toilette gehen kann.

Hallo mein
Hier etwas
falls du „kalte Füße“
Wir sehen uns gleich.
Ich liebe dich!

Braut

Ob super hohe High Heels oder gefährlich glatte Schuhsohlen – die nächsten Seiten zeigen euch, wie ihr darin den Hochzeitstag überlebt und dabei auch noch eine gute Figur macht. Ich verrate euch alles, was ihr vom cleveren Probestyling, dem Frisieren und Schminken am Hochzeitsmorgen und der richtigen Hautpflege für den schönsten Tag im Leben wissen müsst. Und ihr erfahrt, warum jede Braut Babypuder bei sich tragen sollte und warum der Schleier besondere Aufmerksamkeit verdient. Freut euch auf nützliche Beauty- und Stylingtipps für Braut und Bräutigam.

Alternativ könnt ihr auch eine dünne Strumpfhose etwas oberhalb der Knie abschneiden und unter dem Brautkleid zu offenen Schuhen tragen.

89

Gut gepudert

Ein toller Tipp für alle Bräute: Am Hochzeitsmorgen unbedingt etwas Babypuder auf die Innenseite der Oberschenkel auftragen. Das Puder saugt Schweiß und Gerüche auf und verhindert zudem schmerzhaftes Scheuern. Am Nachmittag kann bei Bedarf noch einmal nachgepudert werden.

90

Nah am Wasser gebaut

Befürchtet ihr, an eurem großen Tag sehr emotional zu werden und viele Freudentränen zu vergießen, solltet ihr im Vorfeld auf jeden Fall auf wasserfestes Make-up setzen. Nichts ist schlimmer als verschmierte Schminke auf den Hochzeitsfotos. Das ist gerade für die Augenpartie super wichtig. Wasserfestes Make-up hält außerdem länger.

Müsst ihr dennoch nachschminken? Dann lest auf Seite 16, was eure Trauzeugin alles in ihrer Handtasche haben sollte.

91

Überraschung für den Bräutigam

Vieles dreht sich am großen Tag um die Braut. Wie wäre es deshalb mit einer kleinen Aufmerksamkeit für den Bräutigam? Entwerft eine Banderole mit der Aufschrift „Gegen kalte Füße" und wickelt sie heimlich um die Socken, die der Bräutigam an der Hochzeit tragen wird.

Wie wäre es außerdem mit einer ganzen Überraschungsbox für den zukünftigen Ehemann? Inspirationen gibt es auf Seite 17.

Wahrscheinlich habt ihr noch nicht darüber nachgedacht – aber was passiert eigentlich, wenn ihr euch in der Kirche hinknien müsst? Die Braut im langen Kleid hat hier nichts zu befürchten. Der Bräutigam sollte aber zumindest in der Kirche knielange Strümpfe tragen, um ungewollte Hautblitzer zu vermeiden.

HAUTBLITZER VERMEIDEN

92

Nicht vergessen: Ein Paar Wechselsocken einpacken, damit der Bräutigam an einem heißen Sommertag den Rest des Tages in kürzeren Socken verbringen kann. Sneakerstrümpfe sind in Anzugschuhen übrigens tabu.

93 ANZIEHUNGSKRAFT

Die Boutonnière – also die Ansteckblume für den Bräutigam – sollte nicht mit Nadeln, sondern mit einem superstarken Magnet angebracht werden, damit der teure Anzug nicht durchgestochen werden muss. Ein Teil des Magneten muss dann im Band um die Blume befestigt werden, der andere auf der Jackeninnenseite.

Die Ansteckblume immer passend zum Brautstrauß und dem Anzug wählen.

Übrigens: Online könnt ihr euch alternativ auch sogenannte High-Heel-Protectors besorgen, die den Absatz nicht nur vor Schmutz und Beschädigung schützen, sondern sich auch zum Tanzen eignen, da sie den Absatz verbreitern und so für einen besseren Halt sorgen.

High Heels mit Pfennigabsätzen können am Hochzeitstag ganz schön in Mitleidenschaft gezogen werden. Gerade, wenn ihr die Fotos im Freien, z. B. auf einer Wiese, machen wollt, kommt es nicht selten vor, dass ihr mit den Absätzen irgendwo hängen oder stecken bleibt. Damit eure High-Heels nicht schon zu Beginn der Feier hinüber sind, solltet ihr diese mit etwas Frischhaltefolie umwickeln.

94

GUT GESCHÜTZT

Wer auf Nummer sicher gehen will, kann zusätzlich mit Hack 96 vorsorgen.

High-Heel-Hack 95

Als Brautschuhe kommen nur High Heels infrage? Dann sollten aber besser welche mit breitem Absatz ran. In ihnen lässt es sich deutlich länger aushalten.

Für eine lange Tanznacht

96

Wer auf hohen Schuhen lange durchhalten möchte, sollte folgenden Trick versuchen: Mit einem Fixiertape werden der 3. und 4. Zeh leicht zusammengebunden. Damit diese nicht aneinander scheuern, kann noch ein Stück Watte o. Ä. dazwischen geklemmt werden. Warum? An dieser Stelle befindet sich ein Nerv, der sich spaltet, wenn hohe Schuhe getragen werden – und das führt zu Schmerzen. Mit dem Tape wird der Nerv nicht überstrapaziert und man hält es länger in den Schuhen aus.

Der Trick funktioniert natürlich nur mit geschlossenen Brautschuhen, z. B. mit Pumps.

Und wie man sich für richtiges Regenwetter rüstet, steht auf Seite 21.

WETTERFESTER SCHLEIER 97

Sicher ist sicher, deswegen solltet ihr euch auf kleine Regenschauer am Hochzeitstag vorbereiten. Mit Imprägnierspray werden Schleier, Hut oder Zylinder ruckzuck wetterfest gemacht. So können euch ein paar Regentropfen nichts anhaben.

Habt ihr schon einmal darüber nachgedacht, was mit eurem Schleier passiert, wenn es ein bisschen windig ist? Damit er kein Eigenleben entwickelt, könnt ihr ihn mit magnetischen Schleiergewichten an Ort und Stelle halten. Und keine Sorge: Die Gewichte sind klein und nicht besonders schwer und auch optisch nicht zu erkennen, wenn sie als kleine runde Kristalle getarnt sind. Einfach mal online danach suchen.

Vom Winde verweht 98

Tipp: Für den perfekten Look sollte euer Friseur euch Teile des Schleiers so feststecken, dass er auch von vorne gut zur Geltung kommt.

Mit Glitter sparst du Geld für ein neues Paar Brautschuhe!

99

Glitzer–Pumps

Hast du noch alte Pumps übrig, die für die Hochzeit einen neuen Look gebrauchen könnten? Dann mach doch Glitzer-Pumps daraus. Das bietet sich vor allem an, wenn du zur Hochzeit ein langes Kleid trägst und die Schuhe zur Nebensache werden. Dazu benötigst du: Holzleim, ein altes Glas, Bastelglitter und einen Pinsel. In einem alten Glas den Holzleim mit dem Bastelglitter vermischen. Die Masse sollte schön glitzern, sodass man den Leim kaum noch erkennen kann. Die Masse sollte aber noch streichbar sein. Dann kann es losgehen! Pumps von außen ringsum einpinseln und gut trocknen lassen.

Gegen die Rutschpartie

Viele Braut- und Bräutigam-Schuhe haben sehr glatte Sohlen. Da können Kirchenfliesen oder ein extra fein gewachster Parkettboden schnell zur Rutschpartie werden. Damit euch das nicht passiert und eure Schuhe ordentlich Grip haben, solltet ihr die Sohlen mit Schmirgelpapier etwas anrauen.

Kurz vor dem Hochzeitstanz könnt ihr auch etwas Haarspray auf die Sohlen sprühen oder diese mit Wachs einreiben. Das Haarspray befindet sich in eurem Gäste-Utensilo (siehe Seite 19) oder in der Notfalltasche eurer Trauzeugin (siehe Seite 16).

Dufte Erinnerung

101

Wenn ihr euch für den Hochzeitstag ein neues Parfum zulegt, das ihr vorher noch nie benutzt habt, werdet ihr immer, wenn ihr den Duft später riecht, an den schönsten Tag in eurem Leben erinnert. Dazu dürft ihr dieses Parfum natürlich erst am Hochzeitstag verwenden.

Wie das Parfum länger hält, lest ihr auf der nächsten Seite.

102 Dauerhafter Duft

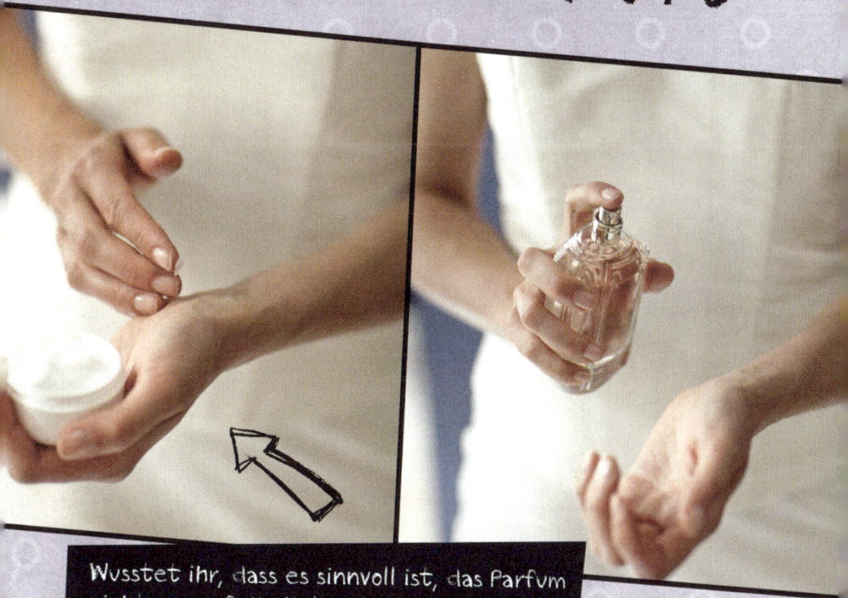

Wusstet ihr, dass es sinnvoll ist, das Parfum nicht nur auf die Halsseiten aufzutragen? Es bieten sich auch die Handgelenke, Ellbogen, Ohrläppchen und Kniekehlen an.

Parfum hält deutlich länger auf Körperstellen, die eher fettig anstatt trocken sind. Bevor ihr also das Parfum auftragt, solltet ihr die Stellen eincremen, die später duften sollen.

Das Probestyling mehr als vier Wochen vor der Hochzeit einplanen und dabei keine Produktexperimente mehr wagen, damit eure Haut nicht kurz vor der Hochzeit mit Rötungen und Pickeln reagiert.

103

CLEVERES PROBESTYLING

Tragt beim Probestyling am besten ein Shirt mit dem gleichen Ausschnitt und der gleichen Farbe des Brautkleides. So lässt es sich besser vorstellen, wie das Styling später zum Kleid wirkt und ob die Schminke farblich dazu passt.

104 INDIVIDUELLE MANSCHETTENKNÖPFE

Wusstet ihr, dass Hochzeitshemden an den Ärmeln mit Manschettenknöpfen geschlossen werden? Dafür könnt ihr euch individuelle Manschettenknöpfe anfertigen lassen, z. B. mit euren Namen, Initialen oder sogar mit einem Foto von euch.

Die Farbe der Manschettenknöpfe sollte zum Anzug und zum Ring passen.

105 KOKOS-PFLEGE

Die letzten Tage vor der Hochzeit solltet ihr in Sachen Make-up keine Experimente mehr wagen, um Pickel und Rötungen der Haut zu vermeiden. Nutzt zum Abschminken einfach etwas Kokosöl, das ist natürlich, gut verträglich und entfernt nicht nur das Make-up, sondern pflegt das Gesicht zusätzlich.

Diesen Hack solltet ihr auch beim Probeschminken beachten.

106

Ein bisschen Sonnencreme schadet auch euren Gästen nicht. Lest auf Seite 19, was ihr sonst noch alles bereitstellen solltet.

GEGEN SONNENBRAND

Findet eure Hochzeit im Hochsommer statt, solltet ihr an den richtigen Sonnenschutz denken, denn dieser gerät bei der Planung rund ums Make-up und Styling meist in Vergessenheit. Besorgt euch deshalb eine Feuchtigkeitscreme, die einen integrierten Sonnenschutz hat, die ihr dann unter dem Make-up auftragen könnt.

MAKE-UP VOR DEM ANZIEHEN

107

Auf Seite 134 erfahrt ihr, wie ihr das nicht nur einfach, sondern auch noch richtig stylisch umsetzen könnt.

Beim Schminken und Frisieren am Hochzeitsmorgen solltet ihr darauf achten, dass ihr komplett gestylt seid, bevor ihr das Kleid anzieht. Das bedeutet, dass Haarspray und Puder zuerst aufgetragen werden, damit das Brautkleid nicht vom Make-up ruiniert wird.

108

Frischekick

Vor allem im Sommer kommt man in einem Brautkleid mit vielen Materiallagen schnell ins Schwitzen. Aquaspray hilft hier gegen Hitzestau. Den Rock anheben, Aquaspray versprühen und so für eine kleine Abkühlung sorgen. Aquaspray gibt es im Drogeriemarkt.

Das Spray kann auch im Gesicht verwendet werden, ohne dass das Make-up verläuft.

109 Styling im Bademantel

Damit ihr euch, wie auf Seite 132 beschrieben, in Ruhe fertig machen könnt, empfiehlt es sich, einen schönen Bademantel mit der Aufschrift „Braut“ zu kaufen. Dieser ist nicht nur gemütlich und stylisch, sondern auch perfekt, wenn ihr euch schon beim morgendlichen Fertigmachen fotografieren oder für euer Hochzeitsvideo filmen lasst.

Alternativ könntet ihr in einem Wäschegeschäft einen passenden Kimono zu eurer Hochzeitsunterwäsche kaufen.

Der Kleiderbügel der Braut bekommt die Aufschrift „Braut" oder ihren Vornamen und eine weiße Schleife. Der des Bräutigams passend dazu die Aufschrift „Bräutigam" bzw. seinen Vornamen und eine schwarze Schleife.

110 Schicke Bügel

Ein tolles Braut- und Bräutigam-Outfit verdient einen individuellen Kleiderbügel – vor allem, wenn ihr einen Fotografen für die große Hochzeitsreportage gebucht habt und dieser euch bereits beim Anziehen begleitet. Hier kann man entweder einen fertigen Kleiderbügel kaufen oder einen alten Bügel mit Stickern und Bändern verzieren.

111

WENN DER SCHUH DRÜCKT

Die neuen Lederschuhe drücken? Dann könnt ihr sie mit einem Fön erwärmen und danach leicht formen. Das ist hilfreich, wenn es an der einen oder anderen Stelle im Schuh ein bisschen drückt. Schuhspanner halten die Schuhe in ihrer Position.

Damit die Schuhe erst gar nicht zu eng gekauft werden, solltet ihr diese am späten Nachmittag anprobieren, wenn eure Füße schon einen langen Tag hinter sich haben und in der Regel leicht angeschwollen sind.

Notizen!

Brautstyling: Je länger die Haare getragen werden, desto länger dürfen auch die Ohrringe sein. Bei kurzen Brautfrisuren sollte man deshalb eher zu Perlenohrringen oder Steckern greifen. Der Clou: Besorgt euch Ohrringe von Mama, Trauzeugin, Oma oder Schwiegermama. Dann habt ihr für den Brauch schon einmal etwas Geborgtes. Etwas Blaues ist meist schwieriger zu finden. Hier setzen viele Bräute auf das Strumpfband, das unter dem langen Kleid gut versteckt werden kann. Etwas Neues wird in den meisten Fällen das ausgesuchte Brautkleid sein. Und etwas Altes könnte beispielsweise der Verlobungs- oder Trauring eurer Mutter oder Großmutter, ein Foto von einer Familienhochzeit in einem Anhänger oder Second-Hand-Accessoires sein. Vielleicht passt ja der Schleier eurer Mutter auch zu eurem Kleid?

Die große Checkliste

Mehr als 12 Monate bis zur Hochzeit:

- ☐ Heiratsantrag vorbereiten/bekommen
- ☐ Termin(e) aussuchen und auf Schulferien, geplante Urlaube etc. von wichtigen Gästen achten
- ☐ Location aussuchen, anfragen, besichtigen und buchen
- ☐ mit dem Sparen anfangen
- ☐ Hochzeitsordner auf dem Computer anlegen
- ☐ Namensfrage klären

Noch 10 bis 12 Monate:

- ☐ Rahmen und Motto bestimmen
- ☐ Budget festlegen
- ☐ Gästeliste erstellen
- ☐ Termin bei der Kirche anmelden
- ☐ Save-the-Date-Karten verschicken
- ☐ Fotograf buchen
- ☐ Musiker/DJ buchen
- ☐ Videograf buchen

Noch 8 bis 10 Monate:

- ☐ Caterer buchen und Essen und Getränke planen, ggf. ein Probeessen vereinbaren
- ☐ Trauzeugen fragen
- ☐ Polterabend planen: Gästeliste, Location, Deko, Essen, Getränke, Musik usw.
- ☐ Brautkleid aussuchen: Gibt es verschiedene Outfits für Standesamt und Kirche?
- ☐ Übernachtung für die Hochzeitsnacht buchen
- ☐ Hochzeitswebseite erstellen
- ☐ Einladungen bestellen/basteln

Noch 6 Monate:

- ☐ Termin beim Standesamt anmelden (das geht genau sechs Monate vor eurem gewünschten Termin)
- ☐ Ringe kaufen, evtl. mit Ringkissen
- ☐ Einladungen verschicken
- ☐ Anzug aussuchen: Gibt es verschiedene Outfits für Standesamt und Kirche?
- ☐ Tanzkurs belegen
- ☐ Dekoration, Blumen, Tischdekoration und Brautstrauß planen, wenn nötig Dienstleister wie z. B. einen Floristen buchen
- ☐ Hochzeitsreise buchen
- ☐ Hochzeitsauto mieten

Noch 4 Monate:

- ☐ Accessoires zum Outfit wählen
- ☐ Hochzeitstorte bestellen
- ☐ Organist für die Kirche finden
- ☐ erste Überlegungen zum Ablauf der Trauung machen, Lieder und Trauspruch wählen
- ☐ Blumenkinder fragen
- ☐ Brautschuhe kaufen

Ab sofort gilt: Alle Kosten in eine Liste eintragen und markieren, was wann bezahlt wurde oder wird.

Noch 2 Monate

- ☐ Sitzplan erstellen
- ☐ Rede vorbereiten
- ☐ Probefrisieren/Probestylen machen, dabei gleich einen Termin für den Hochzeitstag festlegen
- ☐ Tagesablauf am Hochzeitstag planen, auch Regenwetter einkalkulieren
- ☐ Gästebuch organisieren
- ☐ JGA feiern
- ☐ Webseite mit Tagesablauf updaten
- ☐ Kirchenheft/Programmheft organisieren
- ☐ Traugespräche mit dem Standesbeamten und/oder Pfarrer führen
- ☐ Stammbuch aussuchen
- ☐ Menükarten drucken
- ☐ finale Zusagen sammeln

Noch 1 Monat:

- ☐ Aufgaben für die Hochzeit verteilen
- ☐ Kuchenbuffet organisieren
- ☐ Notfallsets organisieren
- ☐ Spiele für Erwachsene und Kinder planen
- ☐ Deko, Namensschilder und Gastgeschenke basteln
- ☐ Gästezahl an den Caterer geben
- ☐ Anprobetermine wahrnehmen, passende Unterwäsche und Schuhe bereithalten
- ☐ Sektempfang beim Standesamt planen
- ☐ alle Dienstleister briefen
- ☐ Check-In im Hotel für die Hochzeitsnacht klären
- ☐ Hochzeitsanzeige in der Zeitung bestellen
- ☐ ggf. Anzug ändern lassen
- ☐ Sitzplan aktualisieren
- ☐ Mit der Bescheinigung vom Standesamt schon einmal die neuen Dokumente wie Ausweis und Reisepass beantragen

Kurz vor der Hochzeit

- ☐ Dokumente für Standesamt und Kirche zurechtlegen
- ☐ Brautstrauß abholen
- ☐ letzte Anprobe machen
- ☐ Deko finalisieren, z. B. Helfer zum Basteln organisieren, Blumenkörbchen

Nach der Hochzeit

- ☐ Rechnungen zahlen
- ☐ Fotos mit den Gästen teilen
- ☐ neue Dokumente (Personalausweis, Reisepass) abholen. Dazu braucht ihr die Eheurkunde
- ☐ Eheschließung der Personalabteilung melden
- ☐ Danksagungen verschicken
- ☐ Brautkleid und Anzug reinigen lassen
- ☐ Liste der erhaltenen Geschenke machen
- ☐ Namensschild an der Haustüre ändern
- ☐ Steuerklasse ändern
- ☐ in die Flitterwochen fahren

Bei der Planung der Hochzeitsreise gezielt im Netz nach Honeymoon-Rabatten suchen oder im Reisebüro danach fragen.

REGISTER

BUCHEMPFEHLUNGEN FÜR DICH

ISBN 978-3-7724-7926-7

ISBN 978-3-7724-7924-3

ISBN 978-3-7724-7923-6

ISBN 978-3-7724-7922-9

ISBN 978-3-7724-7925-0

Weitere Kreativbücher findest du auf www.TOPP-kreativ.de

DÜRFEN WIR VORSTELLEN? WIR SIND TOPP!

Uns, unsere Autoren, Bücher, Sets und viele, viele Bastelideen gibt's nicht nur auf Events und in Buchhandlungen, sondern natürlich auch online:

www.TOPP-KREATIV.de

www.TOPP-KREATIV.de/Newsletter

www.Facebook.com/Frechverlag

www.YouTube.com/Frechverlag

www.Instagram.de/Frechverlag

www.Pinterest.de/Frechverlag

Impressum

FOTOS: www.shutterstock.com: S. 23 #609517388 vectorfusionart, S. 87 #1014356740 Mauritius Martin, S. 88 #177177719 Joshua Rainey Photography, S. 91 #394525243 Melnikov Sergey, S. 99 #240808270]Manuel Murillo; S. 144 Filmriss Fotografie, Fotostudio lichtpunkt, Michael Ruder, Stuttgart (alle übrigen)
ILLUSTRATIONEN KAPITELAUFMACHERSEITEN: Rosenrot – Charlotte Müller und Christine Gerlach, Berlin
STRICHZEICHNUNGEN: Katrin Lemmer
PRODUKTMANAGEMENT UND LEKTORAT: Janina Vogel
HERSTELLUNG: Eva Grimme
LAYOUT: Sophia Höpfner
SATZ: Fotosatz H. Buck, Kumhausen
DRUCK UND BINDUNG: Livonia Print SIA, Lettland

1. Auflage 2018

ISBN 978-3-7724-7921-2• Best.-Nr. 7921